Patrones en la naturaleza

Reconocer patrones

Tony Hyland

Créditos de publicación

Editora
Sara Johnson

Directora editorial
Emily R. Smith, M.A.Ed.

Editora en jefe
Sharon Coan, M.S.Ed.

Directora creativa
Lee Aucoin

Editora comercial
Rachelle Cracchiolo, M.S.Ed.

Créditos de imagen

El autor y los editores desean agradecer y reconocer a quienes otorgaron su permiso para la reproducción de materiales protegidos por derechos de autor: portada Big Stock Photo; págs. 1–29 (fondo) iStock; pág. 1 iStock; pág. 4 Shutterstock; pág. 5 Shutterstock; pág. 6 Big Stock Photo; pág. 8 Shutterstock; pág. 9 (arriba) Photolibrary.com; pág. 9 (abajo) Alamy/Colin Craig; pág. 10 (ambas) Shutterstock; pág. 11 Photolibrary.com; pág. 12 Jupiter Images; pág. 13 (izquierda) iStock; pág. 13 (derecha) Shutterstock; pág. 14 iStock; pág. 15 Big Stock Photo; pág. 16 Photolibrary.com; pág. 17 (izquierda) Big Stock Photo; pág. 17 (derecha) Photolibrary.com/Ed Reschke; pág. 18 iStock; pág. 19 (ambas) iStock; pág. 20 (izquierda) Jupiter Images; pág. 20 (derecha) Shutterstock; pág. 21 Jupiter Images; pág. 22 Shutterstock; pág. 24 Photolibrary.com/Brian Kenney; pág. 25 Big Stock Photo; pág. 26 Photolibrary.com; pág. 27 Shutterstock; pág. 28 Photolibrary.com.

Si bien se ha hecho todo lo posible para buscar la fuente y reconocer el material protegido por derechos de autor, los editores ofrecen disculpas por cualquier incumplimiento accidental en los casos en que el derecho de autor haya sido imposible de encontrar. Estarán complacidos de llegar a un acuerdo adecuado con el legítimo propietario en cada caso.

Teacher Created Materials

5301 Oceanus Drive
Huntington Beach, CA 92649-1030
http://www.tcmpub.com
ISBN 978-1-4938-2928-6
© 2016 Teacher Created Materials, Inc.

Contenido

El campamento Patton   4

La llegada   6

Los preparativos   8

La partida   10

Junto al lago   12

Patrones en el arroyo   14

Vuelo alto   16

Dentro del bosque   18

Una sorpresa   20

El zorrillo   22

¡Uf!   24

De regreso al campamento   26

Actividad de resolución
de problemas   28

Glosario   30

Índice   31

Respuestas   32

El campamento Patton

Miraba por la ventana con mis amigos Ramell y Tisha mientras viajábamos en el autobús. ¡El campamento Patton parecía maravilloso!

—¡Oye, Jamie! —dijo Ramell—. ¿Ves el lago? ¡Hay **canoas** para que rememos!

—¡Genial! —dijo Tisha.

El señor Amos, el maestro, volvió a contarnos antes de que bajáramos del autobús.

—Seguimos siendo 24, señor Amos —dijo Ramell—, 12 niños y 12 niñas.

Todos reímos. ¡El señor Amos ya nos había contado 4 veces!

EXPLOREMOS LAS MATEMÁTICAS

El señor Amos contó a los 24 estudiantes en 2 grupos de 12. Existen otras maneras en las que podría haber agrupado a los niños para llegar a 24. Observa la recta numérica.

0 1 2 3 4 5 6 7 8 9 10 11 12 13 14 15 16 17 18 19 20 21 22 23 24

a. ¿Cuál es el siguiente número que se marcará en la recta?

b. ¿Cuál es el último número que se marcará en la recta?

c. ¿De qué otras maneras podría el señor Amos haber agrupado a los estudiantes?

La llegada

Ethan y Suzi, nuestros **consejeros**, nos esperaban para llevarnos a los **albergues**. El nuestro tenía 6 camas: 3 literas dobles.

Ramell corrió y eligió una de las literas superiores. No fui lo suficientemente rápido, así que me quedé con la cama debajo de la suya.

—¡Fantástico! —dijo Ramell—. Cuatro días enteros aquí.

—¿Por qué este lugar se llama Campamento Patton? —le pregunté a Ethan.

—Tiene el nombre de un famoso **general** —me explicó—. Pero es un buen nombre porque *Patton* suena a *patrón*. Y aquí hay muchos **patrones** para ver.

Miré alrededor de la habitación. Había hasta un patrón de rayas en una de las paredes.

¿Qué son los patrones?

Un patrón es algo que se repite. Hay patrones en la ropa, en los números y hasta en la naturaleza.

EXPLOREMOS LAS MATEMÁTICAS

Observa esta **secuencia** de números.

11, 18, 29, 47, 76, ___

a. ¿Qué número sigue a continuación?

b. ¿Qué regla seguiste para encontrar el número que sigue en la secuencia?

Los preparativos

Después de desempacar las cosas, nos dirigimos al edificio principal. Ethan y Suzi nos dijeron que pronto iríamos a nuestra primera excursión.

El señor Amos dijo:

—En clase hablamos sobre los patrones. Cuando vayamos de excursión, quiero que busquen patrones en las cosas que los rodean. Tomen notas y dibujen lo que vean.

Ramell bromeó:

—Veo un patrón en la camisa de Jamie. ¿Eso cuenta?

El señor Amos rió.

—Pues sí, es un patrón. Pero quiero que busquen patrones en la plantas, los insectos, las rocas: cualquier patrón en la naturaleza.

La partida

Después del almuerzo, partimos a nuestra excursión. Vimos patrones en todas partes. Hasta las nubes formaban patrones.

Caminamos junto al lago durante un rato. Había incluso ondas que formaban un patrón **continuo** en el agua. Ethan dijo que esas ondas se forman cuando se lanza una piedra al lago.

Encontré una piedra grande con líneas que la atravesaban. Suzi dijo que era una piedra arenisca. Hice un dibujo de la piedra. ¡Era demasiado grande para guardarla en el bolsillo!

EXPLOREMOS LAS MATEMÁTICAS

Jamie encontró unas flores. Hizo una tabla en el cuaderno.

a. Dibuja la tabla y completa los números que faltan.

b. ¿Cuál es la regla para el patrón de números de la tabla de Jamie?

Cantidad de flores y pétalos

Flores	Pétalos
1	4
2	8
	12
4	

Junto al lago

Nos detuvimos a mirar algunas aves junto al lago. Suzi dijo que podía determinar que eran colimbos grandes por los patrones en el lomo.

Ramell y yo preguntamos lo mismo:

—¿Patrones? —Rápidamente, dibujamos los colimbos en los cuadernos.

colimbos grandes

—¿Qué otros animales con patrones viven por aquí? —preguntó Tisha.

—Los mapaches, pero salen casi siempre de noche. También hay zorrillos y ardillas rayadas —respondió Suzi.

—¿Zorrillos? ¡Qué asco! —grité.

—Las ardillas rayadas son adorables —dijo Tisha.

mapache

ardilla rayada

Patrones en el arroyo

Seguimos caminando y llegamos a un arroyo. El agua era clara y poco profunda. Podíamos ver los peces. Nadaban en una dirección y luego avanzaban de repente hacia el otro lado, y después en otra dirección. Era como ver un patrón en **zigzag** en movimiento.

Al otro lado del arroyo, había un gran risco de piedra arenisca. Había un patrón de rayas de colores que atravesaban el risco. Suzi dijo:

—De aquí viene la piedra que encontraste en el lago, Jamie.

EXPLOREMOS LAS MATEMÁTICAS

Dibuja el camino de números en zigzag y termina el patrón numérico.

1 → 5 → 13 → 29 → ○ → ○ → ○

Vuelo alto

Mientras caminábamos por un campo abierto, el señor Amos señaló una bandada de gansos en el cielo.

—Esas aves vuelan en un patrón en forma de V —dijo Tisha.

El señor Amos respondió:

—Es correcto. Las aves que **migran** vuelan en ese patrón porque así ahorran energía. De esa manera, pueden volar mayores distancias.

Un poco más adelante, vimos algunas plantas de algodoncillo. Había mariposas monarca revoloteando alrededor. Tenían brillantes alas anaranjadas con un patrón negro alrededor de los bordes.

Cuando volteé algunas hojas de los algodoncillos encontré huevos de mariposa. Todos tenían patrones estriados.

mariposa monarca

huevo de mariposa

EXPLOREMOS LAS MATEMÁTICAS

Con frecuencia, las bandadas de gansos vuelan en un patrón de "V". En la primera fila hay 1 ave. En la segunda, hay 2. Esto suma un total de 3 aves. La fila 3 tiene otras 2 aves, lo que suma un total de 5 aves. *Pista:* Dibuja una tabla que muestre la cantidad de gansos en cada fila.

a. ¿Cuántas aves habría si hubiera 15 filas?

b. ¿Cuántas filas habría si hubiera 49 gansos?

Dentro del bosque

Pronto, llegamos al bosque. Tisha descubrió una polilla en el tronco de un árbol. No se cómo la encontró. Su patrón coincidía exactamente con la corteza del árbol. El patrón le ofrecía un **camuflaje** excelente.

Los árboles eran interesantes. Ethan y Suzi **reconocieron** los patrones en las hojas de cada árbol. Había robles, abedules, arces y fresnos. Dibujamos las figuras y los patrones de las hojas en nuestros cuadernos.

Luego, el señor Amos sonrió.

—Hagamos una secuencia de números con las hojas —nos dijo.

Entonces, me quedé de pie, sosteniendo 3 hojas. Tisha se paró a mi lado con 8 hojas en la mano. Ethan se paró junto a ella con 13 hojas. Ramell notó que la regla para la secuencia numérica era "suma 5 más", entonces, se paró junto a Ethan con 18 hojas. Seguimos nuestro patrón sumando a algunos estudiantes más. Por suerte, había muchas hojas en el bosque.

EXPLOREMOS LAS MATEMÁTICAS

Observa esta secuencia numérica: 28, 25, 22, __, __.

a. ¿Qué números siguen en la secuencia?

Ahora, observa esta secuencia numérica: 96, 48, 24, __, __.

b. ¿Qué números siguen en la secuencia?

c. ¿Cómo obtuviste las respuestas para **a** y **b**?

Una sorpresa

Nuestra excursión ya casi terminaba y estábamos volviendo al campamento.

—¿Viven animales grandes en esta zona, como osos o pumas? —preguntó Ramell.

—No en estos bosques —respondió Ethan—. Y por suerte. ¡Los animales grandes pueden ser de temer!

puma

—¿Qué pasa si . . . nos ataca un *zorrillo*?
—pregunté. Todos me miraron.

—¡Justo allí! —dije mientras señalaba con el dedo.

—Ese sí que es un patrón que no quería ver
—gritó Tisha.

oso pardo

zorrillo

El zorrillo

El zorrillo estaba a unas 20 yardas de distancia, pero podíamos ver las 2 líneas blancas a lo largo de la espalda y la abultada cola. No se veía muy contento.

—Quédense quietos y en silencio, y debería irse —dijo Suzi—. Tal vez su **madriguera** esté cerca.

—¡Yo haré que se vaya! —dijo Ramell. Y comenzó a agitar los brazos en el aire.

—¡No! —susurró Ethan—. Si haces eso, seguro nos lanzará un chorro.

Ramell bajó los brazos y esperamos.

EXPLOREMOS LAS MATEMÁTICAS

Las 2 líneas del zorrillo le recordaron a Jamie las "rayas" que había visto en la tabla de centenas en la escuela. Observa esta tabla de centenas. La columna de color azul oscuro muestra el patrón que obtienes cuando cuentas de 10 en 10.

0	1	2	3	4	5	6	7	8	9
10	11	12	13	14	15	16	17	18	19
20	21	22	23	24	25	26	27	28	29
30	31	32	33	34	35	36	37	38	39
40	41	42	43	44	45	46	47	48	49
50	51	52	53	54	55	56	57	58	59
60	61	62	63	64	65	66	67	68	69
70	71	72	73	74	75	76	77	78	79
80	81	82	83	84	85	86	87	88	89
90	91	92	93	94	95	96	97	98	99

a. Dibuja una tabla de centenas como la que figura arriba. ¿Qué patrón se crea cuando cuentas de 11 en 11? *Pista:* Recuerda comenzar por el 0.

b. ¿Qué patrón se crea cuando cuentas de 9 en 9?

¡Uf!

—Todos quédense quietos y en silencio —susurró Suzi.

El zorrillo nos miró fijamente y levantó la cola. Todos contuvimos la respiración.

De repente, el zorrillo se volteó y huyó hacia el bosque.

—¡Uf! ¡Qué alivio! —suspiró el señor Amos.

Caminamos por el sendero en el que había estado el zorrillo. El aire tenía mal olor.

—Si Ramell hubiera seguido agitando los brazos, ahora todos oleríamos así —se rio Ethan.

Ramell se sonrojó y miró algunas piñas en el suelo.

—Estas tienen un patrón interesante —dijo.

De regreso al campamento

De regreso en el campamento, el señor Amos miró lo que habíamos dibujado o guardado. Le gustó el patrón rayado de mi roca. Pero la piña de Ramell era fabulosa. ¡Los patrones en **espiral** parecían ir en 2 direcciones distintas!

Hicimos cosas maravillosas en el campamento Patton. Hasta remamos en las canoas. Pero lo mejor de todo, fue ver el zorrillo.

Ramell consideró que lo mejor fue su piña. No quiere ni hablar de los zorrillos.

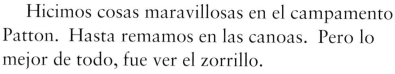

EXPLOREMOS LAS MATEMÁTICAS

Mira la piña en la página 26. Tiene 21 espirales: 8 van en una dirección y 13 en otra. Los números 8, 13 y 21 forman parte de un famoso patrón de números sobre el que aprenderás en las páginas 28 y 29. Ahora, completa la secuencia de números a continuación.

21, 13, 8, ___, ___

La famosa Fibonacci

La secuencia de Fibonacci es una secuencia de números muy famosa. Esta secuencia lleva el nombre del experto matemático italiano, Leonardo Pisano Fibonacci. Fibonacci vivió desde 1170 hasta 1250.

Los números de Fibonacci constituyen una sucesión de números. Los números siguen un patrón especial. Los primeros 10 números de la secuencia de Fibonacci son los siguientes:

1, 1, 2, 3, 5, 8, 13, 21, 34, 55.

¡Resuélvelo!

Ahora, veamos si puedes resolver el secreto de la secuencia de Fibonacci. A continuación, hay una pequeña pista para ayudarte:

$1 + 1 = 2$

$1 + 2 = 3$

a. ¿Qué regla sigue la secuencia de Fibonacci?

b. Continúa el patrón de suma de los números que se muestran arriba para mostrar cómo encontraste la respuesta.

c. ¿Cuáles serían los siguientes 3 números en la secuencia después del 55?

Un desafío secreto

Ahora es tu turno de crear un código numérico secreto.

d. Crea tu propio código numérico. Muéstraselo a un amigo y comprueben si puede descubrir la regla.

Glosario

albergues: construcciones simples que tienen literas para dormir

camuflaje: ocultar algo dándole un color o cubriéndolo para que parezca otra cosa

canoas: pequeños botes con extremos en punta

consejeros: personas que supervisan los campamentos o las actividades en un campamento

continuo: sostenido, sin pausa

espiral: una curva continua que se mueve en torno a puntos fijos

general: un oficial militar de alto rango

madriguera: el hogar oculto de un animal silvestre

migran: se trasladan de un país a otro

patrones: diseños repetidos que incluyen números, figuras, colores, etc.

reconocieron: conocían algo o a alguien de antes

secuencia: un patrón que sigue una regla

zigzag: una línea en ángulo que va en una dirección y gira repentinamente hacia la dirección contraria, para luego volver a la dirección inicial, y así sucesivamente

Índice

albergues, 6

árboles, 18–19

ardillas rayadas, 13

arroyo, 14–15

aves, 12, 16–17

campamento, 4, 7, 26–27

canoas, 4, 27

colimbos grandes, 12

consejeros, 6

espiral, 26

excursión, 8, 10, 20

Fibonacci, Leonardo Pisano, 28–29

gansos, 16–17

general Patton, 7

insectos, 9, 17, 18

lago, 4, 10, 12, 15

mapaches, 13

nubes, 10

peces, 14

piedras, 9, 10–11, 15

piñas, 25–27

plantas, 9, 17

rayas, 7, 11, 15, 22, 27

zorrillos, 13, 21–25, 27

Exploremos las matemáticas

Página 5:
a. 18   **b.** 24   **c.** Grupos de 2, 3, 4 y 8.

Página 7:
a. 123   **b.** Agrega los 2 números antes del número siguiente.

Página 11:
a. 3, 16
b. Multiplicar por 4

Página 15:

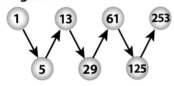

Página 17:
a. 15 filas = 29 gansos
b. 49 gansos = 25 filas

Página 19:
a. 19, 16   **b.** 12, 6
c. Para **a**, resta 3. Para **b**, divide el número anterior entre 2.

Página 23:
a. Se forma un patrón diagonal de izquierda a derecha.
b. Se forma un patrón diagonal de derecha a izquierda.

Página 27:
21, 13, 8, 5, 3

Actividad de resolución de problemas

a. Agrega los 2 números antes del número siguiente.
b. $3 + 5 = 8$
$5 + 8 = 13$
$8 + 13 = 21$
$13 + 21 = 34$
$21 + 34 = 55$
c. Los siguientes 3 números son 89, 144 y 233.
d. Las respuestas variarán.